Martin Gutl

Meine
Wege
sind
Dir
vertraut

Martin Gutl

Meine Wege sind Dir vertraut

Gedanken und Gebete

Verlag Styria

CIP-Titelaufnahme der Deutschen Bibliothek

Gutl, Martin:
Meine Wege sind Dir vertraut:
Gedanken und Gebete / Martin Gutl. – 2. Aufl.
Graz ; Wien ; Köln : Verl. Styria, 1991
ISBN 3-222-11937-6

2. Auflage, 1991
© 1990 Verlag Styria Graz Wien Köln
Alle Rechte vorbehalten
Printed in Austria
Umschlaggestaltung: Hans Paar, Graz
Gesamtherstellung:
Druck- und Verlagshaus Styria, Graz
ISBN 3-222-11937-6

Inhalt

IV
IN DER STILLE WARTEST DU

I
Berufen,
Mensch zu werden

Wie ich reden möchte

Deutlich,
aber nicht aufdringlich;
herausfordernd,
aber nicht fanatisch;
tolerant,
aber nicht standpunktlos;
dynamisch,
aber nicht ziellos;
zeitbewußt,
aber nicht modisch;
fromm,
aber nicht bigott.

Zweierlei Leben

Die erkämpften
und erlittenen Erfahrungen
sind der Schatz,
den wir mit anderen
teilen dürfen.
Ich glaube
jenen Menschen lieber,
die viel ringen müssen
und ihr Leben
trotzdem bewältigen,
als jenen,
die von Erfolg zu Erfolg
eilen
und das Scheitern
nur vom Hörensagen kennen.

Selig die Verwundeten,
die nicht verbittert sind!
Sie werden die Verletzten verstehen
und ihnen helfen können.

Menschen, nicht Marionetten

Die Bibel zeigt uns Menschen,
die oft
„Nein" geschrien haben,
die klagten,
die mit Gott gestritten haben.
Doch sie ließen sich führen,
bis sie erkannten:
Der Herr ist mein Hirt.
Nichts wird mir fehlen.
Und muß ich auch gehen
durch dunkle Schlucht,
ich fürchte kein Unheil.
Du bist bei mir!

An einen Idealisten

Wie lange noch
willst du gegen den Strom
schwimmen?
Eines Tages bist du ausgelaugt.
Was einst strahlte,
ist erloschen.
Du erwachst mit Fragen
und gehst mit Fragen
wieder zu Bett.
Die vielen Stimmen in dir
verwirren dich.
Die einen zeigen dir Wege,
die zum Ziel führen.
Die anderen drängen dich
in die Sackgasse.
Doch solange du auf Gott vertraust
und nicht aufhörst zu beten,
kann auch der Irrweg
eine Einsicht bringen.

Der verlorene Sohn

Der verlorene Sohn
begann anders zu denken,
kehrte um
und wandte sich seinem Vater zu.
Im letzten Winkel seiner Seele
war noch das Bild
des gütigen Vaters lebendig.
Ein ewig strafender und rächender Gott
kann den schuldbewußten Menschen
zwar zur Reue,
aber nicht zur liebevollen Begegnung
mit Gott führen.
Ohne den Glauben,
daß Liebe weiter reicht
als Gerechtigkeit,
muß der verlorene Sohn
verzweifeln.

Das Ende der Täuschung

Wie schmerzlich,
wenn ein Mensch
nach jahrelanger Lebenslüge
zur Wahrheit erwacht.
Nun beginnt er zu fliehen,
doch es gibt keine Flucht mehr
in die Schwärmerei,
in die Scheinsicherheit.
Jetzt gilt es,
die Armut des Suchenden
anzunehmen
und frei und ohne Täuschung
den Kampf durchzustehen.

Heimat in Gott

An einer Kirchentür
hing ein Plakat
mit der Aufschrift:
„Hab keine Angst!
Leg dein Leben
in Gottes Hand!
Wer glaubt,
ist in Ihm geborgen!"

Nicht der Zweifel,
der Glaube allein
schenkt Heimat in Gott.
Warum wagen wir es nicht,
Gott unser Leben
täglich neu zu übergeben?

Keine Selbsterlösung

Schon viele kamen mit tausend Fragen
zur Eucharistie.
Sie kehrten mit einer einzigen Antwort
heim:
ICH bin der Weinstock,
DU bist die Rebe!
Sie hatten an sich gearbeitet
und sich redlich bemüht.
Viel Kampf, doch wenig Fortschritt!
Da mußten sie zur Einsicht kommen,
daß es keine Selbsterlösung gibt.
Nun beten sie mit dem ganzen Gewicht
ihrer Lebensgeschichte:
Herr Jesus, Sohn Gottes,
erbarme Dich meiner!

Heute!

Was will Gott
in dieser Minute von mir?
Was will er bei dieser Arbeit,
bei diesem Besuch?
Was will er mir
mit diesem Leid sagen,
mit dieser Überraschung,
mit diesem Glück?

Gib uns unser tägliches Brot!
Gib uns die tägliche Bereitschaft,
nach Deinem Willen zu fragen.

Dennoch

Zum tausendsten Mal
sich selbst
als Schwächling,
als Schwätzer,
als Feigling,
als Schlampigen,
als Süchtigen,
als Zweifler
annehmen
und wieder zu Gott gehen,
der uns
durch den Propheten Jesaja
sagen läßt:
Und gehst du durchs Wasser:
der Strom reißt dich nicht fort!
Und gehst du durchs Feuer:
die Flamme verbrennt dich nicht!
Ich bin bei dir!

Er heilt dich

Vertraue dich
Jesus CHRISTUS an.
Hab Geduld!
Er heilt dich langsam
und führt dich still.
Hab keine Angst!
Der Gute Hirte
geht mit dir
von Stufe zu Stufe,
Wege und Umwege,
bis ins Innerste.
Er ist dein Arzt.

Seht den Menschen!

Glatte Stirn –
zerfurchte Stirn –
Menschenlandschaften!
Die vielen
unvergeßlichen Blicke
der Gekreuzigten,
der Verlassenen!
Menschen . . .
Ecce homo!
Geschichten,
Geschichte,
Biographien.

Und alle Geschichte
wandelt sich –
wann auch immer –
zur Heilsgeschichte.

Dieser Glaube
wurzelt im Evangelium.
Niemand kann mir
diese Hoffnung nehmen!

Wie die Kinder

Ein Kinderwagen.
Das Kind liegt schlafend darin,
im Vertrauen ruhend,
die kleinen, zarten Hände
ausgestreckt.

Was weiß dieses Kind
von der Zukunft?
Was weiß ich
von der Zukunft?
Wieviel ist machbar?
Wieviel müssen wir langsam
wachsen und reifen lassen?
Wieviel kann ich planen,
wieviel wird mir geschenkt?

Jesus CHRISTUS sagt:
Wenn ihr nicht werdet wie die Kinder,
könnt ihr nicht in das Himmelreich
eingehen.

Das Leben ist Kampf

Jesus sagt nicht:
Seid Schwärmer und Träumer!,
sondern:
Seid nüchtern und wachsam!

Wir erfahren es täglich:
Dieses Leben ist Kampf
zwischen Lüge und Wahrheit,
zwischen Hochmut und Demut,
zwischen Unglauben und Glauben
bis zur letzten Stunde!

Prüfung

Was ist das: heute?
Was ist das: morgen?
Was wartet auf mich,
wenn es kein „heute"
und kein „morgen"
mehr gibt,
keine Zeit,
nur Ewigkeit?
Was dann denken,
fühlen,
tun?
Meine Fragen
münden in Psalmen.
In diesen Gebeten
übergebe ich
alle meine Ängste,
Freuden
und Leiden
Gott, dem Herrn.

Fürchte dich nicht!

Fürchte dich nicht, sagt Gott,
ich bin bei dir,
der dich schuf aus dem Nichts,
der dich birgt in seiner Nähe,
der dich ruft in sein Haus,
der dich führt in sein Reich.

Fürchte dich nicht,
ich bin bei dir!
Und müßtest du gehen
durch das Dunkel der Nacht,
durch weglose Wüste,
durch verzehrendes Feuer,
durch beißende Kälte.

Fürchte dich nicht,
ich bin bei dir!
Und müßtest du schauen
ins zerfallende Antlitz,
in traurige Augen,
in die Tiefen der Seele,
in den Abgrund der Welt.

Fürchte dich nicht,
ich bin bei dir!

II
Schritte –
nicht Sprünge

Sich von Jesus fragen lassen

Jesus täuscht uns nicht,
wenn er sagt:
Was nützt es dem Menschen,
wenn er die ganze Welt gewinnt,
aber sein Leben einbüßt?
Um welchen Preis
kann der Mensch
sein Leben zurückkaufen?
Was nützt es dir,
wenn du mit tausend Seilen
an die Welt gebunden,
in deinem Innern aber
haltlos bist?
Was nützen dir die Kulissen,
die du um dich aufbaust,
wenn du innerlich
leer geworden bist?
Was nützt dir alle Tüchtigkeit,
wenn du das Wesentliche
nicht erkennst?

Das Gericht

Wir werden mit großen Augen dastehen,
die Guten und die Bösen.
Wir werden Jesus fragen:
„Wo sind wir Dir in unserem Leben
schon einmal begegnet?"
Da wird der Herr
die Nachbarn, die Freunde,
die Feinde, die Armen,
die Kranken, die Verurteilten,
die Ausgestoßenen, die Wehrlosen,
die Geisteskranken
vorbeiziehen lassen.
Menschen, die uns kaum einmal
aufgefallen sind
oder deren Anblick wir verdrängt haben,
die uns jedenfalls
nicht viel bedeuteten.
Und er wird fragen:
Erkennt ihr mich wieder?

Liebe deine Feinde!

Liebe deinen Feind!
Denn auch in ihm
begegnest du Gott.
Er kann
dein Lehrmeister sein.
Er kann dir helfen,
Gelassenheit zu erreichen.
Er kann dir zeigen,
wie tief du
mit Gott verbunden bist.
Denn ohne Gottes Gnade
könntest du
den Haß nicht überwinden.

Sind wir noch glaubwürdig?

Tausende haben
in der Geschichte der Menschheit
ihr Leben für Jesus hingegeben,
haben alles aufgegeben,
um Jesus nachzufolgen,
ihre Freiheit,
ihre Heimat,
ihr persönliches Glück.
Sie haben alles losgelassen
um Christi willen.
Warum bekennen wir
unseren Glauben nicht deutlich?
Warum sprechen wir lieber
über Sport, Politik
oder über die Fehler der anderen
als über die Religion?
Warum beten wir kaum
oder gar nicht mehr?

Die Liebe wird uns retten!

Was speichern wir doch
an Grundsätzen, Leitsätzen
und Vorsätzen in uns!
Wie oft fallen wir,
wie oft werden wir schuldig!
Doch nach jedem Scheitern
dürfen wir
wie Petrus beten:
Herr, Du weißt alles.
Du weißt auch,
daß ich Dich liebe!

Jetzt oder erst morgen?

Was sind die Ziele
meines Lebens?
Wie sehen die Früchte
meines Glaubens aus?
Ist mein erstes Anliegen,
den Willen Gottes zu erfahren?
Oder will ich zwei Herren dienen,
Gott und dem Mammon?
Bin ich ein Jünger Christi
oder bloß ein Mitläufer
in der Masse der Taufscheinchristen?
Glaube ich noch
an meine persönliche Verantwortung
vor Gott?
Kann ich die eine Wahrheit,
daß Gott Liebe ist,
mit der anderen Wahrheit,
daß ich für meine Taten
verantwortlich bin,
vereinen?
Wann will ich mich ändern?
Jetzt oder erst morgen?

Eine anspruchsvolle Wahrheit

Durch die Erfahrung
der Barmherzigkeit eines Menschen,
durch das Erlebnis der Versöhnung,
durch die gute Tat
eines Mitmenschen
verstehen wir plötzlich mehr
als durch die Lektüre vieler Bücher.

Wie oft belehren wir
einen Menschen,
ohne ihn zu lieben,
und lassen ihn unglücklich zurück!

Läuterung

Je näher zum Tod hin,
desto mühsamer
wird die Selbsttäuschung,
desto mehr zerbröckeln Fassaden,
werden Rollen lächerlich,
Titel nichtssagend,
desto weniger trösten
Geld und Besitz.
Und was einst
so verführerisch glänzte,
hat seine Leuchtkraft
verloren.

Gewissenserforschung

Freiheit oder Zwang?
Selbst Verantwortung tragen
oder Sündenböcke suchen?
Bereuen
oder auf seinem Standpunkt
beharren?
Gott um Vergebung bitten
oder voll Stolz seine Schwäche
zur Tugend machen?
Neu beginnen
oder weiter irren?
Was sind wir wirklich,
und was bilden wir uns ein?
Wer hilft uns,
das zu unterscheiden?

Die Macht des Unbewußten

Nicht wenige Menschen
begannen ihren Weg zu zweit
mit bestem Willen
und nach reiflicher Überlegung –
und sind trotzdem gescheitert.
Sie wollten zuviel
aus eigener Kraft erreichen,
waren zu sehr überzeugt,
sie könnten alles selbst bewältigen,
bis sie erfuhren,
daß vieles in uns
geheimnisvoll und dunkel bleibt.
Um einander
in allen Phasen des Lebens
begleiten zu können,
brauchen wir die Verbindung
mit dem einen Gott
und seinem Sohn
im Heiligen Geist.

Ausreden

Alle werden
beim ewigen Gericht
beteuern:
„Ich hab's nicht so gemeint,
ich hab's nicht so gewollt."
Wird das genügen?

Auch Menschen,
die Furchtbares
ausgelöst hatten,
sagten später vor Gericht:
„Wir haben es gut gemeint."

Seid nüchtern und wachsam!
Denn der Böse kann auch
den Idealismus mißbrauchen.
Maßstab sind nicht die Worte,
Maßstab sind die Früchte!

Wann lernen wir?

Es ist schwer,
in einer Gesellschaft
zu leben,
wo die einen das Gras
wachsen hören
und die anderen
die Schreie des Nächsten
jahrelang überhören.
Wann lernen wir,
in allen Bereichen
einander wahrzunehmen?
Wann lernen wir,
auf die vielen Töne
zu achten,
die im Wort des Nächsten
mitschwingen?
Liebe beginnt mit dem Mut,
zu sehen, zu hören, zu fühlen!

Friedensgruß

Eine Frau
verläßt beim Friedensgruß
ihren Platz
und geht auf eine andere zu,
deren bedrücktes Gesicht
ihr aufgefallen war.
Sie sieht sie an
und sagt: „Friede!"

Ein kleines Wort,
eine kleine Geste.
Wie viel aber
kann sich dadurch ändern
in der großen Welt,
die sich doch nur
aus unseren
vielen kleinen Welten
zusammenfügt!

Geistiger Fortschritt

Von der Enge zur Weite.
Von der Angst zum Vertrauen.
Von der Lüge zur Wahrheit.
Vom Haben zum Sein.
Vom Geschwätz zum Gespräch.
Vom Verurteilen zum Verstehen.
Vom Erstarren zum Fließen.

Selbstbetrug

Manche zerreden ihre Schuld.
Sie hüllen sie
in gescheite Worte und Formeln.
So wird aus der Kindestötung
ein Schwangerschaftsabbruch,
aus dem Ehebruch
wird Selbstverwirklichung,
aus Korruption wird Freundschaft.
Die Zerstörung des Bodens,
die Vergiftung des Wassers
und der Luft
rechtfertigt man mit „Sachzwang".
Man muß nur für alles
einen gut klingenden Namen finden!

Wozu verdrängen?

Der Schmerz ist ein Bote.
Er klopft an unsere Tür.
Es wird Zeit,
sich selbst zu prüfen.
Muß ich mich ändern,
oder kann ich bleiben,
wie ich bin?
Das Ich wehrt sich zäh
gegen jede Veränderung.
Es will haben und festhalten,
Güter und Menschen besitzen.
Wie mühsam doch das Loslassen ist!
Doch es muß geübt werden,
sonst verfehlen wir
das Ziel unseres Lebens.

Unser Ziel heißt Vollendung

Wer einen Achttausender
besteigen will,
beginnt
mit dem ersten Schritt.
Auch jener Abenteurer,
der den Atlantik
mit dem Ruderboot
überquert hat,
begann
mit dem ersten Ruderschlag.

Nicht mit weiten Sprüngen,
mit vielen kleinen Schritten
kommen wir der Vollendung
näher.

Was hat sich geändert?

Was wollte ich
und
was wurde ich?
Welche Grundsätze
sind
durch Erfahrungen
fragwürdig geworden?
Wovon bin ich jetzt überzeugt?
Was scheint mir heute wichtig?
Was hat sich
an meiner Weltanschauung
durch Erfahrungen
und Begegnungen
geändert?

Nur mit Jesus Christus!

Ideale sind wichtig.
Es ist aber gefährlich,
nur von sich aus
gut sein
und Höchstes erreichen
zu wollen,
ohne die Verbundenheit
mit Christus
täglich zu erneuern.
Denn nur mit Christus
konnte Saulus zu Paulus werden
und mit seinem Leben bezeugen:
„Alles vermag ich durch den,
der mich stärkt."

Die Wahrheit macht frei

Es lohnt sich,
angegriffen und bekämpft
zu werden,
um nicht lügen zu müssen!
Die Halbwahrheiten und Lügen
sind der schlechteste Dienst,
den wir nächsten Generationen
erweisen können.

Martyrium heute

Den wahren Geschmack des Wassers
erkennt man in der Wüste,
sagt ein jüdisches Sprichwort.

In einer Gesellschaft
der Schwätzer
und Zyniker
hungere ich nach einem Wort,
das aus der Tiefe aufsteigt,
nach einem Wort,
das Hoffnung schenkt,
nach einem Wort,
das aus der Liebe Christi
kommt.
In einer Gesellschaft,
die nur lästert,
alles zynisch beurteilt
und so vieles belächelt,
schreie ich wortlos
nach Gott!

Bis Einer uns ruft

Manche Menschen
fragen nur
nach der Nützlichkeit.
Sie haben keine Zeit,
zum Wesentlichen vorzudringen.
Sie meinen,
daß Beten und Stillsein
Zeitverlust sei.
Sie haben Wichtigeres zu tun.
Sie betrachten die Kirchen
als Museen,
in denen sie ab und zu
eine lästige Pflichtübung
absitzen.
Sie hauchen
schon vor dem Tod
ihren Geist aus
und leben
als Körper weiter,
bis Einer
an ihre Tür pocht –
in welcher Gestalt auch immer,
als ein Ereignis,
als ein Mensch,
als die innere Stimme,
die ruft:
„Lazarus, Lazarus!
Komm heraus aus dem Grab!"

III
Vom Bild
zum Sinnbild

Sinnbild des Lebens

Wild dahinstürmender Wildbach.
Schaumkronen, Gischt, Rauschen –
bald wieder ruhig dahinfließend
bis zum nächsten Hindernis.
Wieder sich stauen, aufbäumen, schäumen –
und wieder still dahinfließen.

In welchem Stadium bist du?

Schöpfung

Gott sprach:
Es werde Licht!
Seither ein unaufhaltsames Werden,
langsam und zäh,
Jahrmilliarden lang.
Wie viele Formen und Farben!
Wie viele Stufen der Entwicklung!

Kommt alles aus einer einzigen Quelle?
Ist alles Ausdruck der Liebe?
Was wollte Gott
am Anfang der Schöpfung –
und was ist jetzt?
Im Schöpfungsbericht
heißt es:
Gott sah alles,
was Er gemacht hatte.
Es war sehr gut.
Doch auch der Mensch sah,
was er aus der Schöpfung
gemacht hatte,
und begann zu beten:
Herr, rette uns vor uns selbst,
bevor wir zerstören,
was Du mit Vertrauen
begonnen hast!

Friedhof

Wie lebendig Tote sein können
am Rande einer Stadt,
während die Lebenden
sich wie Marionetten benehmen!
Wir beten auf dem Friedhof:
Herr, gib ihnen die ewige Ruhe!
Ehrlicherweise müßten wir sagen:
Herr, gib uns für ein paar Minuten Ruhe,
bevor wir in der ewigen Ruhe
sehen müssen,
wie wenig sich unsere Hetzjagd
nach Seifenblasen gelohnt hat!

Wozu klagen?

Der hundertfünfzigste Kampf
und erst der zwanzigste Sieg!
Wieder um einige Erfahrungen reicher
und um eine Täuschung ärmer!
Doch warum klagen?
Umwege sind auch
Wege zum Ziel.
Alles kann eine Hilfe werden,
wenn wir mit Gott
dem Leben trauen!

Nach dem Sturm

Schaumkrone um Schaumkrone –
vergängliche Signale
des aufgewühlten Meeres.
Bald zerteilen sie sich.
Was bleibt,
sind Wellenberg und Wellental –
Rhythmus des Lebens,
Muster für unser Dasein.

Tradition

Der Rhythmus der Bauern
prägt seit Jahrhunderten
das Leben auf dem Land:
das Vieh füttern,
die Kühe melken,
ausmisten,
Milchkannen abliefern.
Ein Leben, das sich vollzieht
in der Tiefe als Ergebenheit,
an der Oberfläche als Seufzen:
von der Pflicht
gezeichnete Gesichter
mit einer Spur
jenes Friedens,
der aus der Seele kommt.

Der lange Weg

Seine ersten Worte waren:
„Mama, Mama!"
Seine letzten:
„Jesus, Jesus!"

Jahrzehnte vergingen dazwischen.
Er strebte die Gipfel
des Lebens an
und stürzte manchmal in Abgründe
des Menschseins.
Flucht vor Gott, vor sich selbst.
Heimkehr, Ausbruch und wieder Heimkehr.
Ein Leben als verzehrende
Sehnsucht nach dem vollen,
ganzen Leben.
Er kam auf vielen Wegen
und Umwegen Gott näher.
Jesus wich nicht von seiner Seite.
Im Sterben erkannte er klar und deutlich
seinen Begleiter – Jesus Christus.

Krebsstation

Gänge, Zimmer, Gesichter –
Station,
wo alle Worte
und religiösen Sprüche
sich prüfen lassen müssen,
ob sie nicht zynisch wirken
angesichts dessen,
was hier
an täglichem Leid
erfahren wird.

Im Zug

Im Abteil mir gegenüber
sitzt eine Mutter
mit zwei Kindern.
Mit der einen Hand
hält sie schützend ihr Kind,
damit es nicht vom Sitz fällt.
Mit der anderen streichelt sie
zärtlich ihr zweites Kind.
Auf ihren Knien liegt eine Zeitung.
Sie liest Weltnachrichten.

Zwei Kinder,
geborgen bei der Mutter
in der kleinen Welt!

Sie ist betroffen
von den Zeitungsnachrichten
aus der großen Welt
der Konflikte,
Konferenzen und Katastrophen!

Hier die kleine,
dort die große Welt!
Wirklich *eine* Welt?

Eine Frage

Wenn du wüßtest,
daß Jesus Christus selbst,
der Herr der Welt,
in diesem Altenheim läge
und wie der alte Mann
voll Sehnsucht auf dich wartete,
würdest du dann
deinen Besuch dort
auch so oft
auf später verschieben?

Hundert Jahre

Die stille Endgültigkeit,
die uns auf dem Friedhof umgibt,
drängt uns,
über unser Leben
nachzudenken.
Wer wollte,
daß ich
auf dieser Erde lebe
und mich bewähre?
Gott? Meine Eltern? Ich?

Ich lese auf einem Grabstein:
„F.N. 1880–1980".
Hundert Jahre
hat diese Frau gelebt!
Hier steht nur ihr Name.
Und ihre Gefühle, ihre Taten,
ihre Ziele, ihre Freuden, ihre Tränen?
Davon steht auf dem Grabstein nichts.

Gott allein weiß
die letzte Wahrheit über uns!

Glaube

Da liegt sie,
unheilbar krank.
Die Infusion
tropft und tropft
in sie hinein.
Fünfmal täglich Infusion –
ihr ganzes Leben hängt
an einem dünnen Faden.
Ihr Glaube aber ist
ein starkes Seil.
Die Ärzte gaben ihr
keine Zukunft mehr.
Doch nun hat sie schon
zwei Jahre überlebt.
Sie studiert, schreibt Bücher,
macht Prüfungen.
Ihr Leben hängt weiter
an einem dünnen Faden.
Ihr Glaube aber bindet sie
mit vielen Seilen an Gott,
den Schöpfer des Himmels
und der Erde.

Gnade

Ein Schmetterling
schwirrt am Fenster
auf und ab,
vergeblich!
Er findet keinen Weg
in die Freiheit.
Gesicherte Aussichtslosigkeit!
Bis eine menschliche Hand
das Fenster öffnet
und den Gefangenen
in die Weite entläßt.

Im Kreis gehen,
im Kreis denken,
um ein und dasselbe Thema
im Gespräch kreisen.
Der Kreis wird
zum Teufelskreis,
bis einer kommt,
der ihn aufbricht:
Jesus Christus.
Er ist der Sieger
über den ewigen Kreislauf
von Schuld, Enge,
Starrheit und Tod.
Er zeigt uns die Richtung,
in der wir zur wahren
Freiheit gelangen.
Er ist unsere Gnade geworden.

Lebendiger Glaube

Die Sätze der Bibel
sind keimendes Leben!
Wir können sie
lebendig erhalten,
wenn wir
mit der Hilfe des Heiligen Geistes
über sie nachdenken.
So wird das
„Es war einmal"
zum herausfordernden
„Heute".

Die Wahrheit selber suchen!

Immer wieder wollten
die Verantwortlichen
in der Kirche
den Menschen
die Wahrheitssuche
erleichtern.
Sie haben daher
Zäune aufgebaut,
um die Wahrheit
vom Irrtum
abzugrenzen.
Doch keinem Menschen
kann die schmerzliche Suche
nach der Wahrheit
erspart bleiben.

Alle Kraft ist innen!

Geh in die Stille!
Dort fließen die Quellen des Lebens
für dich.
Laß los vom Äußerlichen!
Das Innere birgt den Frieden.
Bleib nicht Schein!
Auf dem Weg zum Sein
scheue das Leiden nicht!
Beachte den Widerschein der Ewigkeit
in vergänglichen Augen!
Geh heim zur Seele!
Dort bist du in Gott.
Dort erlebst du,
wie unzerstörbar du bist.
Im Lärm spürst du
die Vergangenheit,
in der Stille öffnest du dich
der Ewigkeit.

Die tausendjährige Linde

Tausendmal blühen,
reifen,
Samen hervorbringen
und warten können,
bis es Herbst wird.
Stürme überstehen,
die Vögel nisten lassen
und die duftenden Blüten
verschenken.
Unerschütterlich dastehen,
mit den Wurzeln
tief und weit verankert.
Die Kraft der tausendjährigen Linde –
ein lebendes Denkmal!

Was sie bezeugt

Vor einer gotischen Kirche
treffe ich eine alte Frau.
Sie sperrt mir das Tor auf.
Ich frage sie:
„Was ist für Sie
das Wichtigste im Leben?"
Sie sagt:
„Gesundheit und Glaube.
Ohne Gottvertrauen
würde ich nicht mehr leben."
Sie hat ihre Liebsten
verloren.
Sie ist allein,
aber nicht einsam.

Wie sehr sie für mich
die Gegenwart Gottes bezeugt!

Am Bett eines Schwerkranken

Er liegt da
mit halbgeschlossenen Augen.
Nach einiger Zeit
lege ich meine Hand
in die seine.
Wir öffnen uns gemeinsam
für den Ewigen.
Er segnet mich
mit seinem Leid,
das er angenommen hat.
Er wohnt
mit diesem unsagbaren Leid,
mit dem Geheimnis seines Lebens,
in der Tiefe seiner Seele,
die kein Tod erreicht.
Das Äußere zerfällt,
ist im Erlöschen.
Doch das Innere
ist klar und rein.
Es schält sich schon
die Gestalt der Liebe heraus,
die ewig bleibt,
für kurze Zeit im Blick erfaßbar –
dann wieder Sehnsucht,
Stille,
Ewigkeit.

Nicht jenseits von uns

Tod
als Grenze des Lebens,
aber nicht der Liebe
annehmen!
Nicht im Schmerz
eingemauert bleiben!
Nicht nur den Verlust
sehen!
Vertrauen und hoffen,
daß es die andere Welt gibt,
real und nahe,
nicht jenseits von uns,
sondern um uns,
über uns,
in uns!

Die Neugierigen

Manche wollen
bis ins letzte Bescheid wissen,
anstatt zu vertrauen,
zu glauben
und demütig
im Gespräch mit Gott
zu bleiben.

Ist nicht der Teufel
jener Engel,
der zuviel gedacht hat?

Die Erleuchtung

Wie seltsam ist es,
wenn ein Mann,
der jahrelang
gewohnheitsmäßig
in die Kirche ging,
aus der Kirche kommt
und stammelt:
„Heute hab ich
das erste Mal gespürt:
ER ist wirklich da!"

Bitte um Vergebung

Vertrauen wir uns
Jesus Christus an!
Er ist wahrhaftig das Lamm,
das auch unsere Sünde,
unsere Verbitterung,
unser Dunkel,
alles,
was uns von Ihm trennt,
hinwegnimmt,
indem Er es
hinwegliebt!

Maria

Der Engel des Herrn
brachte Maria die Botschaft.
Maria lebte in einer Stille,
in der sie die Botschaft des Engels
hören konnte.

Warum sind wir so laut geworden
und klagen,
Gott sei nicht da?
Maria sah nicht allein
mit den Augen.
Sie konnte
mit dem Herzen schauen.

Wohin schaust du?

Petrus sieht Jesus
auf dem See.
Er möchte zu ihm.
Er steigt aus dem Boot,
verläßt alle Sicherheiten
und eilt dem Meister
auf dem Wasser entgegen.
Jesus gibt ihm Stärke,
solange er auf ihn schaut.
Doch dann wendet Petrus
seinen Blick für kurze Zeit ab.
Er starrt auf die Wellen und Wogen.
Er sieht die Gefahr
und beginnt zu sinken.
Je nach Blickrichtung sehen wir
Halt, Hilfe, Hafen, Heimat –
oder Abgrund, Gefahr, Tod, Nichts.

Wohin schaust du?

Der wartende Gott

Gott hält seine Hände
nach uns ausgestreckt
wie der Vater
des verlorenen Sohnes.
Gott ist geübt im Warten.
Er ist nicht einer,
der willkürlich Macht ausübt,
sondern ein Gott,
der unsere Freiheit achtet.
Er läßt uns frei sein,
selbst wenn wir uns
in Sackgassen verlieren.
Wir sollen
durch eigene Erkenntnis
den richtigen Weg finden.
Gottes Wesen
ist nicht Machtgier,
nicht Rachsucht,
sondern *Liebe*.

Könnten wir das endlich glauben!
Viel mehr Freude
würde uns der Gedanke an Gott
dann schenken!

Plötzliches Erkennen

Wie oft hören wir lieber
auf schmeichelnde
als auf mahnende Worte!
Wie oft betrügen wir uns selbst!
Wir achten nicht auf die Signale,
die uns zur Wahrheit unseres Lebens
führen könnten,
bis plötzlich etwas Unvorhergesehenes
uns aus den Illusionen reißt.
Auf einmal sind wir ganz da,
ganz bei unserer Seele,
ganz bei Gott!
Es ist nicht nur –
wie das Sprichwort sagt –,
daß die Not uns beten lehrt.
Sie hilft uns auch,
echt und ehrlich zu werden.

Ewiges Leben ist jetzt

Viel tun,
viel reden,
heute gefordert,
morgen überfordert.
Übermorgen in ewiger Ruhe!

Viele werden erst
im Jenseits erkennen:
Wäre ich öfters
im irdischen Leben
in die Stille gegangen,
so hätte ich mehr
vom ewigen Leben
schon im irdischen Leben
erfahren.

Der Kreuzaltar

Ein tröstlicher Kreuzaltar:
Im Vordergrund das Kreuz
mit dem Gekreuzigten –
darüber, als Altarbild,
der Auferstandene
mit den leuchtenden Wundmalen.
Der Gekreuzigte und der Auferstandene
auf ein und demselben Altar!

Leider werden beide Darstellungen
allzu oft getrennt.
In unseren Lebensgeschichten aber
gehen die Erfahrungen
der Kreuzigung und der Auferstehung
nicht selten ineinander.

Geheimnis des Glaubens

Wer glaubt, sieht tiefer.
Der Priester
reicht den Leib Christi.
Für den Ungläubigen
sind es Brot und Wein.
Ohne Glaube
erschöpft sich das Leben
im Essen und Trinken.
Ohne Glaube wird das Leben
zum blinden Schicksal.
Was ich im Vertrauen sehe,
bleibt mir ohne Vertrauen
verborgen.
Die Entscheidung,
ob ich hier nur Brot sehe
oder den Leib Christi,
fällt tief innen.

Der Ziehbrunnen

Ich pumpe und pumpe,
es kommt kein Wasser.
Nur der Schweiß
kommt mir.
Einer sagt: „Nur Mut!"
Ich gebe nicht auf.
Endlich! Da fließt es:
helles, kristallklares Wasser!

Wie oft sitze ich
über einem Bibelvers
und lese und lese
und denke nach und betrachte,
bis mich plötzlich
ein Wort ergreift.
Ich bete, bin still,
lange Zeit,
bis das Wort mich ganz erfüllt
und als Verheißung mich trägt.

Im Brunnen tief unten
ist Wasser.
Ich brauche nur die Ausdauer,
das Wasser langsam heraufzupumpen.
Ein Wort Gottes
ist wie das Wasser
tief unten im Brunnen.
Es braucht lange Zeit,
bis sich mir
sein Sinn erschließt.

Philosophie

Die Grillen sind wie von Sinnen.
Ihr Lied an den Sommer besteht
aus einem einzigen Ton.
Aber was kümmert sie das?

Karoline Brandauer

Wie lächerlich unsere Frage,
warum Grillen in einem fort
wie um die Wette singen!
Was wissen wir
von ihrer Sehnsucht
und von ihrer Bestimmung?
Wir, die wir glauben,
alles zu wissen,
was wissen wir wirklich
über das Geheimnis
des Seins?

Wohin reisen?

Er muß viel reisen,
bald in dieses,
bald in jenes Land;
geschäftlich und privat,
wie er sagt.
Ob er jemals
die mühsame Reise
in sich hinein
antritt,
bevor er
im Tod erst
zu sich gelangt?

Ins Exil abgeschoben?

Nicht selten
schmücken kleine
Engelköpfe
die Fassaden
großer Häuser
als Erinnerung:
„Das war einmal".
Stück für Stück
haben wir die Engel
aus unserer Welt
verdrängt.
Haben sich die Engel
zurückgezogen?
Es fehlt nicht
an dunklen Mächten
in unserer Welt.
Wann werden wir erkennen,
daß Engel unsere stillen,
von Gott gesandten,
unverzichtbaren Helfer sind
im Kampf mit den
Mächten der Finsternis!

Bekehrung

Eine Frau,
die monatelang
eine krebskranke Patientin
gepflegt hatte,
sagte nach deren Tod:
„Diese Frau
hat in mir
die Liebe erweckt.
Ich habe Selbstlosigkeit
und Zärtlichkeit erfahren.
Ich war Zeuge,
wie ein Mensch
ohne Verbitterung
Dinge und Menschen
langsam
loslassen kann."

Leben – sterben – leben

Wir gehen auf einem Weg
zwischen reifen,
ausgedehnten Weizenfeldern
spazieren.
So weit der Blick reicht:
Weizen, nichts als Weizen …
Alles drängt zur Ernte.
Über den Feldern
jubeln die Lerchen,
die aufsteigen
und sich fallen lassen.
Die Luft ist voll
von ihrem Lobgesang.
Plötzlich sagt mein Freund:
„In jeder Ähre
verbirgt sich ein Weizenkorn,
das sterben mußte!"

Ausdruck des Glaubens

Da sitz ich mit Schülern
in der großen, schönen,
hellen, weiten Barockkirche
mit meiner kleinen Kerze
in der Hand.
Fresken und Skulpturen –
mächtiger Ausdruck des Glaubens!

Und unser Glaube?
Oft zart und zerbrechlich,
rasch auslöschbar
wie die zuckende Flamme
meiner kleinen Kerze!

Vergänglichkeit

Wir erzählten einander
auf einer Wanderung
Geschichten aus unserem Leben.
Der Wind trieb dürre Blätter
hinter uns her.
Wir merkten es kaum.
Auf einmal tanzten sie
vor uns herum,
als wollten sie sagen:
„Seid nicht traurig!
Jede Stunde vergeht.
Freut euch und tanzt mit uns!
Alles zieht weiter,
hinein in die Ewigkeit."

IV
In der Stille
wartest Du

Taufe

Getauft bin ich
auf ein DU,
auf einen dreieinigen Gott,
auf einen Gott der Liebe,
der über das ICH hinausgeht
zum DU in Jesus Christus.

Getauft bin ich
auf einen dreieinigen Gott,
auf einen Gott,
der in Gemeinschaft lebt.
Getauft bin ich auf ein DU,
nicht auf ein ES,
nicht auf ein ICH.

Getauft bin ich
auf ein DU,
nicht auf ein Amt,
nicht auf eine Institution,
nicht auf eine Religion.
Getauft bin ich
auf ein DU!

DU mit uns

DU über uns!
Herr, Gott, Schöpfer!
DU, Emmanuel,
Gott mit uns, Bruder!
DU in uns!
Innere Stimme,
solange wir vertrauen.

Wir in DIR,
das wandernde Gottesvolk.
Wir vor DIR,
voll Sehnsucht nach Frieden!
Wir in DIR,
geschützt, trotz aller Bedrängnis!

Was wird bleiben,
wenn alle menschliche
Geschichte
eingebracht ist
in die Ewigkeit?
Wir mit DIR!
DU mit uns!

An dunklen Tagen

Auch an Tagen,
an denen wir uns anstrengen
und mühen,
ohne vorwärtszukommen,
wenn wir das Ende der Machbarkeit
erleiden müssen;
auch an Tagen,
an denen der Drang
zum Fragen und Klagen
bedrohlicher wird
und alles mitreißt,
was wir an Dämmen
gegen die Schwermut,
gegen den Zweifel
aufgebaut haben:
auch an diesen Tagen
bist DU, o Gott,
da,
verborgen,
weit innen in mir –
da!

Deine Worte

Deine Worte
sind manchmal wie Hände,
sanft mich umarmend,
mich umhüllend.
Sie führen mich.
Manchmal sind sie
wie Schwerter,
die tief eindringen
in das Innerste.
Und manchmal
sind sie wie Netze,
die mich
aus dem Wasser ziehen.

Bei mir hängengeblieben

Wie oft hab ich geschrien:
„Hilf mir doch,
Allmächtiger!"
und habe die Hilfe,
die Du mir angeboten hast,
übersehen.
Ich kreiste in Gedanken
nur um mich,
anstatt mich Deiner Gegenwart
auszusetzen.

Wer hat mich Dir entfremdet?

Wer hat die Nabelschnur
vom Diesseits zum Jenseits
plötzlich durchtrennt?
Ich spürte doch
vor kurzem noch
das Ineinander der beiden Welten.
Und jetzt ist alles zerrissen.
Ich schreie!
Doch meine Schreie
kehren ungehört zu mir zurück
und verenden in mir
als Echo meines hilflosen Seins.

Du, der Du mir
gestern noch Halt gabst,
Du gehst mir heute sehr ab!
Die Bibel sagt doch,
Du seist treu.
Du, erbarme Dich!
Erbarme Dich!

Am Ende meiner Kraft

Ich soll junge Menschen heute
zum Glauben führen.
Doch vor ihnen
sitzt ein Elias
unter dem Ginsterstrauch;
ein Jona auf der Flucht
vor seinem Auftrag;
ein Hiob, dem eins nach dem andern
genommen wurde.
DU!
Jetzt wirst Du reden!
Ich kann nicht mehr.
Jetzt wirst Du wirken
in mir!
DU!

Du bist nicht nur in der Kirche

Nicht nur im Dom,
nicht nur in der Wallfahrtskirche,
nicht nur im Tabernakel,
auch hier in einer kleinen Wohnung,
wo wir mit Arbeitslosen
zusammensitzen,
um über ihre Zukunft
nachzudenken,
bist DU anwesend,
bist Du wirklich
wirkend da!
Das bewahrt uns
vor Resignation
und gibt uns
neuen Mut.

Nicht zu Wölfen werden!

Aus der Tiefe der Kluft,
die entstanden ist
zwischen Jesus Christus
und manchen Amtsträgern
in seiner Kirche –
rufen wir zu Dir, o Herr:
Hilf uns, daß wir nicht
Macht mit Macht heimzahlen,
nicht Böses mit Bösem vergelten,
nicht zu Wölfen werden,
sondern Lämmer bleiben.

Herr, erbarme Dich!

Es ist so schnell gesagt:
„Mit dem ist nichts anzufangen.
Er ist faul.
Er ist verrückt.
Er hat kein richtiges Verhältnis
zur Wirklichkeit!"

In der Nähe Deines Kreuzes,
Deiner gefesselten
und genagelten Füße
denke ich an all die Verwundeten
und an die Gekreuzigten.
Wie schnell urteilen wir!
Wie oft verurteilen wir!
Was wissen wir von uns,
was vom anderen?
Wissen wir,
wie unser Leben enden wird?
Herr, dürfen wir
etwas anderes sagen als:
„Herr, erbarme Dich unser"?

Du führst uns

Wie unterschiedlich
Du Menschen führst,
die sich Dir anvertrauen!
Wie zart
Du in der Stille zu uns sprichst!
Wie einfühlsam
Du uns begleitest!
Wie entschieden
Du aber auch
etwas verlangen kannst
mit der ganzen Autorität
des Allmächtigen und All-Liebenden.
Wie demütig
Du oft vor unserer Türe wartest,
bis wir nach einer Zeit
der Verschlossenheit und Verbitterung
Dir wieder trauen
und Dich wieder einlassen.
Denn Du kannst warten
wie keiner.

Du liebst uns ohne Vorbehalt

Warum wagen wir es nicht
zu glauben,
daß Du uns nicht liebst,
weil wir gut sind,
sondern weil wir da sind?
Warum wagen wir es nicht,
Dir zu glauben,
daß Du uns vorbehaltlos
und nicht nur „unter Umständen",
daß Du uns bedingungslos
und nicht nur
unter bestimmten Bedingungen
annimmst?

O Herr!
Mach uns zu Missionaren
eines Glaubens,
der Menschen die Gewißheit gibt,
daß Dein Wesen Liebe ist!

Du hast uns berufen

Ehre sei dem Vater,
der uns berufen hat,
auf dieser Erde
Mensch zu werden.

Ehre sei dem Sohn,
der uns Unvollendete
begleitet.

Ehre sei dem Heiligen Geist,
der uns die Ereignisse des Alltags
als Botschaft und als Fügung deutet.

Ehre sei dem Vater,
dem Sohn
und dem Heiligen Geist,
wie im Anfang
so auch jetzt
und allezeit
und in Ewigkeit.

Amen.

Saulus! Paulus!

Der selbstgerechte
und starke Paulus
stürzte vor den Toren von Damaskus
vom Pferd.
Aus dem Fanatiker des Gesetzes
wurde ein Verkünder der Gnade
Jesu Christi,
der aus Erfahrung
sagen konnte:
Jesu Kraft
kommt in meiner Schwachheit
zur Vollendung.

Du bist deutlich geworden

Du stiller
und doch nicht stummer Gott!
Du verborgener
und doch erfahrbarer Gott!
Du unsichtbarer
und doch
durch tausend Hinweise
und in unzähligen Spuren
deutlich sichtbarer
Gott!
DU!

In den Himmel aufgenommen

Maria,
in den Himmel aufgenommen,
du bist nicht
unserer Erde entflohen.
Manchmal sichtbar,
meist unsichtbar,
kehrst du zu uns zurück,
um unsere Tränen zu trocknen.

Du hattest die Freiheit,
aus Angst dich
vor Gott zu verbergen
wie Adam und Eva
oder zu sagen:
„Hier bin ich.
Mir geschehe nach Deiner Liebe!"

Du hast
unter dem Kreuz
auf deinen Gott vertraut
und weinend geglaubt,
als kein Engel zu sehen war.
Das ist das Wunder des Glaubens,
das du selber bist
für uns Zweifler!

Wie Jakob ringen

Ich lasse Dich nicht, o Gott,
außer Du gibst mir
die Gewißheit,
daß nicht alles
ein langgezogenes Spiel
um ein bißchen Angst,
um Sehnsucht, Leid
und Liebe ist.

Ich lasse Dich nicht,
außer Du läßt mir
die Hoffnung,
daß doch einmal
alle Menschen,
wann auch immer,
Friede, Liebe
und Geborgenheit
erfahren werden.
Nicht durch ihr Verdienst,
sondern durch Deine Gnade.

Du Stern im Meere!

Du Stern am Horizont der Menschheit!
Licht geht von dir aus.
Bis zum heutigen Tag
leuchtest du in Höhe und Tiefe.
Du hattest den langen Atem
des Glaubens und der Hoffnung.
Dein Glaube wurde Gestalt.

Du Stern im Meere, Maria!
Auf dich schauen wir,
denn du gibst uns die Gewißheit,
daß Gott uns führt, begleitet und vollendet.
Wir brauchen dich, Maria!
Denn die Finsternis belastet uns alle.
Wir wissen mehr als zuvor
und sind doch ratloser denn je!

Wir gleichen oft den Schaumkronen
auf den Wogen des Meeres.
Wir glauben
und zweifeln schon wieder.
Wir danken
und klagen schon wieder.
Du, Maria, bist wie das Meer:
weit, tief und stark.
Du gibst uns den Trost,
daß Gott uns auch im Dunkel begleitet.

Du Stern im Meere, Maria,
bitte für uns!
Bitte, daß wir nicht versinken
im Meer der Tränen,
im Meer der Klagen.
Du Stern im Meere!

Mehr als das Echo

O Gott,
der Du uns unvollkommene Menschen
gewollt hast,
was soll ich jenen sagen,
die ihr Lebensziel nicht erreichen?
Sie sagen tausendmal: „Ich will" –
und es kommt nichts
als das Echo ihrer Worte zurück.
Sie setzen ihre ganze Willenskraft ein.
Doch sie finden keinen Halt,
wie Autoräder auf Glatteis.
Ihr Wille greift nicht.
Je mehr Kraft sie einsetzen,
desto sicherer ermüden sie.
Du zwingst Dich ihnen
als Retter nicht auf.
Doch wenn sie Dich einladen,
bist Du da, ganz da.
Und dann werden sie allmählich
mit vielen kleinen Schritten
ihre Krise doch bewältigen.

Unfaßbar, aber nicht unfruchtbar

Viele werden verlegen,
zucken zusammen
bei den Worten
Jungfrau Maria – Mutter Gottes.
Der Verstand
läuft um die Begriffe
Jungfrau und Gottesmutter herum,
bis er zusammenbricht
und im Glauben verwandelt
wiederkehrt.
Wir leben nicht nur
von der Erklärung der Worte,
von dem, was wir begreifen.
Wir empfangen Kraft und Gnade
aus dem Geheimnis
der unfaßbaren Geschichte Gottes
mit den Menschen.

Du bist der Weg und das Ziel

Zu wem sollen wir gehen?
Du allein hast Worte
des ewigen Lebens!
Viele Führer bieten sich an.
Viele reden über die Wahrheit.
Täuschen sie sich und die anderen?
Zu wem sollen wir gehen?
Viele geistige Strömungen
dringen auf uns ein.
Nicht alle Wege führen zum Ziel.
Nicht jeder Glaube macht selig.
Viele Menschen
sind in Sackgassen geraten.
Verbittert oder süchtig,
haben sie das Leben
von sich geworfen.

Zu wem sollen wir gehen?
Du hast Worte,
die wirken.
Du sagst die Wahrheit
nicht von oben herab.
Du selbst bist Wahrheit.
Du bist den Weg
der Wahrheit und Liebe
bis zum Ende vorausgegangen.
Dir können wir glauben,
wenn Du sagst:
Wer mir nachfolgt,
wird sich nicht
in der Finsternis verlieren,
sondern wird
das Licht des Lebens haben.

Du erträgst mich

O Herr,
vor Dir kann ich
alle Fragen aussprechen.
Du wirst nicht ungeduldig.
Du hast Zeit,
unendlich viel Zeit.
Menschen, die zuhören können,
sind nach einiger Zeit
müde und überfordert.
Du bist nach stundenlanger Klage
und Anklage
immer noch gesammelt
und aufmerksam da,
so daß ich ausspreche,
was ich noch niemandem
gesagt habe.
Du erschrickst nicht.
Du hast meine Fragen nicht satt.
Bei Dir bin ich geborgen,
und ich bin mir gewiß:
Du erträgst mich
mit all meinen Fragen
und Klagen.

Du hast an uns gedacht

Ich, Herr,
ein Mensch,
kein Rädchen
im Getriebe des Universums,
ein Mensch, ein DU,
sage Dir, Gott, Dank!
Denn Du hast schon
vor Milliarden Jahren,
als die Entwicklung
des Weltalls begann,
an meinen Körper,
an meine Seele
und an meinen Geist
als Ziel der Schöpfung
gedacht.

Und nochmals Dank!
Du bist der vielen Fehlentwicklungen,
die wir verschuldet haben,
nicht überdrüssig geworden!

Brot des Lebens

Du bist nicht in der Seligkeit
des Himmels geblieben.
Du bist zu uns Menschen gekommen.
Du hast Dich nicht aufgespart.
Du hast Dich hingegeben.
Du bist zum Brot des Lebens
geworden, das unseren Glauben
nährt, das uns leben läßt,
selbst wenn wir in dieser Welt
sterben müssen.

Ich kann nicht anders

O Gott!
Ich kann nicht anders,
als immer wieder beten:
Laß alle, alle Menschen,
die Du doch
in Deiner Liebe
erschaffen hast,
durch Deine Gnade
ihr Ziel,
ihr Geborgensein
und ihren Frieden
finden.

Martin Gutl
im
Verlag Styria

Martin Gutl / Wim van der Kallen
Du Quelle in der Wüste

Nachdenken mit Martin Gutl
Texte, Meditationen, Gebete
2. Auflage

Was mir Kraft gibt
Die Hauptgebete und Grundwahrheiten
der Christenheit
4. Auflage

Alles ist Botschaft

Loblied vor der Klagemauer
4. Auflage

Ich begann zu suchen
Texte der Hoffnung
3. Auflage

Ich falle in Deine Hände
Meditationstexte
3. Auflage

Der tanzende Hiob
5. Auflage

Josef Dirnbeck / Martin Gutl
Ich begann zu beten
Texte für Meditation und Gottesdienst
6. Auflage